이미화 詩人 시집

안개 같은 여자

이미화 지음

도서출판 다온애드

청춘이 빛나는 것은
싱그러운 풀냄새처럼
향기롭기 때문이다

암흑 속 현실의 버거움
청춘은 옛이야기되어
메아리만 돌아올 뿐이다.

-청춘-

시인의 말

내가 글을 쓰는 이유는
삶을 살면서 너무도 많은 희로애락을 겪으며
모진 고통 속에서도 희망을 잃지 않고 살아가는 이들에게
이글이 조금이나마 위안이 되었으면 하는 간절한 마음으로
보고 듣고 체험한 것을 기록하는 것이다.

2025년 봄
이미화 시인

1부 길위에서

10 길 위에서
11 추풍낙엽
12 여인아
13 사랑아
14 일엽편주
15 찬란한 오월
16 내 마음 잘 아시던 당신
17 삶이란
18 어버이의 큰 뜻
20 축복
21 새옹지마
22 사계절
23 안개 같은 여자
24 순풍
25 인생길
26 괴나리봇짐
27 나의 발자취
28 살으리라
29 철새
30 희망
31 봉선화
32 사랑과 한
33 수심
34 돌계단
35 두 여인
36 애증
37 시절 인연
38 세평 남짓한 병실

2부   마음의 소리

40 마음의 소리
41 봄이 오는 소리
42 자연의 선물
43 사랑의 굴레
44 멀고 긴 여정
45 새털구름
46 너와 나
47 차와 음악
48 작달비(장대비)
49 꿈의 사랑
50 정다운 길
51 하늬바람
52 낭만의 계절
53 향기 없는 꽃
54 겨울 바다
55 탁주 한 잔
56 사색을 즐기다
57 그날
58 마음의 정서
59 마음
60 나의 자화상
61 가을 마중
62 행복
63 고진감래
65 배려
66 모닥불 연정

3부 자유와 행복

68 자유와 행복
69 백의의 천사
70 아름다운 인연
71 탄생
72 한길 내 마음
73 존재의 사랑
74 희망의 찬가
75 생활의 무게
76 바램
77 한 줄기 빛
78 그대의 향기
79 두견새
80 버들강아지
81 당신은 여름날의 태양
82 무인 카페에서
83 고독
84 자유 천지
85 희망의 등불 찾아
86 그림자 한 조각
87 봄의 태동
88 두려운 삶
89 자연은 나의 스승
90 봄나들이
91 고뇌
92 사랑스러운 당신
93 천사들의 방문
94 선상 안에서

4부 나의 자화상

95 나의 자화상
96 마라도의 숨결
97 폭우와 우박
98 재회
99 아기천사
100 집시 인생
101 중년의 향기
102 참된 여인아
103 아름다운 동행
104 풍등
105 인간 이별
106 소박한 즐거움
107 그림자 뒤에 슬픔
109 사랑의 메시지
110 염원
111 자연을 벗 삼다
112 폭풍의 거리
113 겸손
114 시골 풍경
115 약속
116 오월의 여인
117 아름다운 강산
118 나그네 인생
119 손님
120 어린 시절 내 친구들
121 내사랑 아가야
122 아련한 추억
123 사랑의 한 끼
124 고배
125 구멍난 양말
126 밝은 내일
127 가버린 봄의 여신

그리움

사랑이 넘치면
가슴에 꽃비가 내리지만

지척에 있어도
나의 심장에 닿지 않음에

그리움이 넘쳐흘러
가슴에 찬 서리만 내린다.

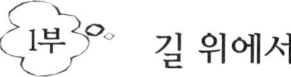

1부 길 위에서

끝이 보이지 않는 길 질주할 때
머~언 산등성이에 쌍무지개 다리 놓아
고운 빛 보여주시는 행운을 선물로 받는다

길 위에서

쏟아져 내리는
폭우를 헤치고 길을 나섰다

길가에
흐드러진 나무들 쉼 없이 내리는 비
모든 것을 체념한 듯 온몸으로
받아들이며 흠뻑 취하고 있다

한 치 앞도 보이지 않는
자욱한 안갯속 터널을 지나
끝이 보이지 않는 길 질주할 때

머~언 산등성이에 쌍무지개 다리 놓아
고운 빛 보여주시는 행운을 선물로 받는다

추풍낙엽

떨어지는 낙엽은
가을 바람을 원망하지 않는다

금수강산에 가을임을 알리려
오실 때는 오색 옷 곱게 단장하고
아름다운 자태를 뽐내며 오셨건만

어느새 깊어가는 가을 되어
부는 바람 원망 아니 하시고
추풍낙엽은 바람에 몸을 맡기신다

봄바람에 흩날리던 꽃잎처럼
한여름 소나기처럼 겨울 백설처럼
소복이 쌓여있는 낙엽 위를
그림자 뒤로하고 한발 두발 걷노라니
왠지 모를 허전함과 쓸쓸함이
물밀듯 밀려오는구나

섬섬옥수 여인의 고운 손도
풋풋한 아름다운 자태도
세월 흘러 억새 바람 지나가면
추풍낙엽 되어 가슴 시린 흔적만 남으리

여인아

천명의 뜻을 받고 밝은 세상에 태어나
사랑 속에서 살으려 했것만
타고난 팔자 속이지 못하고
운명처럼 숙명의 길 걷는 여인아

이 세상 어디에도 기댈 곳 없어
백두대간 초록을 벗 삼아
팔도를 떠도는 여인아

일광 빛 받아 푸른빛 서려 있는
칼날 위에 올라 피를 토하듯
한 서린 목소리 토해내는 여인아

산천초목 고운 빛으로 물들이고
은은한 향기 풍기며 아름다움을 자랑하듯
산들바람에 춤추던 꽃들도
여인이 토해내는 한 서린 목소리 들었는가

조용히 숨죽이고 푸른 봄의 생기 되어
포효로 울부짖는 여인의 가슴에
구슬픈 노래가 되어 달래어 준다

사랑아

봄이 오면 동산에 울긋불긋
꽃 잔치가 열리는데

초록빛과 함께 오시는 하늬바람
두 볼에 홍조 띠고 내 사랑도 오시려나

복사꽃 피는 길 위에서 내 사랑 손잡고
그리웠던 심정 호소하리라

사랑아! 당신은 내 사랑이어라
언제 어느 때도 내 맘 속에 있다네

어느 곳, 어디에 머물고 있어도
나의 마음 나의 눈동자에 머물고 있어라

삶의 은총 모두 당신에게 내리시고
내일의 기쁨과 희망 모두 사랑이길

은방울처럼 고요히 곱게 오시는
봄처럼 사랑 싹 움트는 사랑아

일엽편주

기약 없는 인생 항로
힘들고 지친 삶의 경로에서

고즈넉한 마음으로 한가롭게
지나온 세월을 돌아보노라니

덧없는 세월 속에
일엽편주 노 젓는 사공이로다

정겨웠던 가을도 이별하니
만남과 헤어짐을 아쉬워 말라

인생사 농익어 가는 것을
황금 들판에 고개 숙인 나락처럼
우리네 인생도 그런 것이니

바람 따라 구름 따라 세월 따라
정한 곳 없이 일엽편주에 이내 몸 실어
부초처럼 정처 없이 흘러가 보노라

찬란한 오월

오월의 대자연이여
나를 위하여 빛나는 태양

오~영롱한 태양이여
저 광야는 미소 짓고

산천의 모든 수목은
새싹이 돋아 꽃을 피우고

숲 속에서 들려오는
아름다운 새소리
환희는 용솟음친다

우리의 가슴속에
꽃구름 온 누리를 덮고
하늘엔 향기로 가득하여

가슴에 피어오르는
사랑이여~ 아름다움이여

내 마음 잘 아시던 당신

내 마음 잘 아시던 당신
내 마음 몰라주시다니
너무도 가슴앓이고 아파집니다

우리에게도 이런 날 올 줄이야
즐겁고 행복한 날에는
이런 날 올 줄 몰랐습니다

백 년을 약속했던 맹세도
평생을 다짐했던 영원한 사랑도
뒤늦은 후회 부질없는 일입니다

이제 와 생각해 보니 이해하지 못했고
곰곰이 생각해 보니 인내하지 못했습니다
내 삶에 또다시 아름다운 날 있을까요

내 마음 잘 알아주시던 당신
내 가슴속에 살아 숨 쉬는 당신

삶이란

우리는
이 세상 머무는 동안
참으로 많은 희로애락을 겪는다

만물의 영장이라 하지만
한평생 살아가기란
너무도 고단한 삶의 길 걷는다

짧은 인생에서 건강하고 행복한 삶
그 바람은 전능한 존재에 대한
신앙의 형태로 구현되어 있지 않은가

속계와 영계를 이어주는
그래서 삶을 풍요롭게 하는
열두 가지 현세의 평안과
영생을 바라는 나의 기도 속에서
오늘도 십이지는 살아있음을 믿기에

두 손 모아 합장하는 이들의 염원이
담기기를 기원하리라

어버이의 큰 뜻 (1)

어버이 큰 뜻 내 어찌 알리요
내 어머니 기도 소리에 잠들었고
내 아버지 사랑으로 성장하였으며

어버이의 따끔한 회초리와 질책이
밑거름되어 지금의 내가 존재하는 것을

자식은 어느새 청사초롱 불 밝혀
가정을 이루었어도
어버이는 또 다른 근심으로
까만 밤 하얗게 지새우시며 잠 못 이루신다.

2)
자식들의 머릿결에도
어느새 하얀 길 생겼건만

근심으로 기도하시는
어버이 큰 뜻 내 어찌 알리요

배곯지 않을까 염려하시고
힘들지 않을까 걱정하시며

당신의 아픔은 살피지 않으시니
자식은 어버이 당신 나이 되어도
알지 못하리니

어버이 당신에게 받은 큰 사랑
나의 자식들에게 물려주면서
고맙고 감사의 마음으로 살아요

축복

그대의
사랑이 영원하기를
두 손 모아 빌고 있어라

어떠한
고난이 앞을 막아도
굳은 신념으로 이겨 나가시길
그대에게 행복이 언제까지나
무궁무진하시길 빌고 있어라

내 마음에 등대와 같은 그대
내 마음에 등불과 같은 그대
인연의 소중함을 일깨워주신 그대
늘 푸른 나무가 되어 그늘이 되어주신 그대

어두운 망망대해를 걷는 다해도
두려울 것이 없는 그대의 사랑이
영원하시길 빌고 있어라

새옹지마

꽃이 지기로 세월을 탓하랴
나뭇잎 떨어진다고 바람을 탓하랴

저 푸른 하늘에 영롱히 빛나는 별들도
하나둘 스러지고
귀촉도 울음 뒤에 멈추었거늘

오늘도 변함없이 희망을 품고
밝은 미래를 찾아 정처 없이
떠도는 나그네처럼
여기저기 발자취 남겨본다

인생 만사
새옹지마라 하였는가

봄이 되면 분홍치마 갈아입고
온 누리에 꽃 비를 뿌리던 꽃들도
가을이 되면 우수에 찬 낙엽들도
겨울이 되면 백설 속에서
강인함을 뽐내던 매화도
우리네 인생사도 변화무상하여
세월 가면 지고 묻히는 것을…

사계절(1)

봄은
어머니 품속과 같이 포근하고

여름은
아버지 마음과 같은 태양이다

가을은 집시 인생처럼
우수에 잠겨 방랑하고

겨울은 순백의 청결이니
삶을 돌아보며 회상한다

2.
꽃향기 가득함에
입가에 미소 머금고

뜨거운 햇살 아래
삶의 은총 맞이하여

산들바람과 동무되어 흔들리는
갈대숲에서 한바탕 숨바꼭질하고

새하얀 백설 소리 없이 내리는 길목에서
옛 추억 생각하며 또 하나의 추억을 남긴다.

안개 같은 여자

초록이 농익어가는 산과 들에
하얀 뭉게구름 안고 줄달음치면

향긋한 꽃향기 속으로
달려가는 안개 같은 여자

냇물이 바람결 휘어잡고 흘러가면
미몽을 향하여 달려가는 안개 같은 여자

머릿결에는 몽실한 연꽃이 피어나고
버선발에는 파릇한 향 내음이 퍼진다

목 드리운 꾀꼬리 울음으로
사랑을 노래하고

깃 세운 사자의 포효로
황토 빛 가슴을 드러내며

안개 같은 여자는
호수처럼 맑은 눈으로
무엇을 보려고 하는 것인가

안개 같은 여자는
장미보다 붉은 입술로
무엇을 말하려 하는 것인가

순풍

사노라면
기쁨과 절망이
열병처럼 함께하노라

세월과 계절을 뛰어넘어
가혹한 삶의 애환을 운명과 숙명으로
동화 속 그림처럼 남게 하는 것이니

행복도 불행도 스스로 짓는 것
겸손한 마음 하심의 마음으로
탐욕과 성냄을 순풍에 돛 달듯
유유히 흐르는 망망대해로 흘러가보자

가다 보면 거친 파도 만나 모진 수난과
헤어나지 못할 것 같은 역경도 있으리라

제아무리 망각의 세월 속에
바쁜 걸음 걷는다 해도 평정은 있으리니

고요히 흐르는 물 위에서
순풍이 인도하는 곳으로 흘러가보자

인생길

인생길 걷다 보면 평지도 있고
오르막길 내리막길도 있다

굽이굽이 돌다 보면 가시밭길
움푹 파인 웅덩이도 있거늘

어떤 사람은 오르막길이 쉽다 하고
어떤 사람은 내리막길이 쉽다고도 한다

인생길 걷다 보면 때로는 올라가고
내려가기도 하며 뜻하지 않게
빙빙 돌아가기도 하는 것을

잔잔한 호수에 고요한 물처럼
인생길에 평지만 있다면 무슨 근심 있으리
파란만장 삶에 울고 웃고 부대끼며 사노라면
이 또한 높낮이 없는 평지리라

잠시 머물다 가는 인생
멀고 가깝다 한탄하지 말고
움푹 파인 웅덩이 조금씩 평지로 만들며
종점이 보이는 그날까지 우리 함께 가보세

괴나리봇짐

괴나리봇짐 걸머지고 길을 나선다
끝이 보이지 않는 길 위에서
발걸음 옮기며 어디로 갈까

고뇌와 슬픔에 잠겨
흘러내리는 땀방울 닦으며
까치발 동동걸음을 재촉할 때

새봄 이끼 나를 반겨준다
영롱한 이슬 숲 속 사냥꾼인 척

이랑에 대인의 진리가 무엇인가
고통받고 신음하는 생명과 잉태를 위하여
천지의 충만한 소리에 귀 기울이며
오늘도 괴나리봇짐 걸머지고 먼 길 떠난다

나의 발자취

내일을 근심하며 살았다
꿈도 희망도 잃어버린 세월
고뇌의 고통 속에 번민하고
몸부림치며 참모습 잃었다

세상과 단절하여 쓴웃음으로
번뇌 망상 내려놓고 맞서리라

멈추지 않는 세월과 함께하며
고운 꽃길 양탄자 깔고 사뿐히 걸어가는
아름다운 미래 즐거운 발자취 남기리라

살으리라

햇살 가득 머금고
싹트는 새싹처럼 살으리라

뜨거운 태양
백사장에 모래성을 쌓으며
푸른 바다처럼 살으리라

낙엽이 오색으로 물들어
수많은 사람들에게 해맑은
웃음과 즐거움 주듯 살으리라

새하얀 백설이 온 누리에
맑고 깨끗한 눈꽃 만들어
어두운 길 비추듯 살으리라

철새

새벽 동트면 청아하고
아름다운 멜로디로 힘차게
합창하며 하루의 시작 알리고

기쁨으로 반겨주던 이름 모를
새들은 새로운 둥지 찾아 신기루에
몸을 맡기고 창공을 날고 있다

햇살 가득 고요한 아침
훌쩍 떠났다가 어머니 품속과 같은
따뜻한 이곳이 내 둥지로구나

화려한 날갯짓 하며 떠나갔던 철새들도
따뜻한 봄이 오면 꽃향기 따라 돌아와
창공에 원을 그리며 그동안의 안부를 묻는다.

희망

뜻이 있는 곳에 길이 있어라
피와 땀 노력으로 최선을 다해
한걸음 또다시 한걸음

그대 마음에
영원한 빛 되지 못하여도
영원을 약속하리

세상 누추함과 슬픔으로
희망의 등불 끄고 죽음의 좌절에
부딪쳐 허덕일지라도

차가운 돌 틈새 얼음사이로
흐르는 물처럼 잠들지 않고
또다시 제철 만난 듯

마음속에 꿈과 희망을 품고
아득히 머~언 미래의 행복을 그리며
희망의 끈 놓지 않으리

봉선화

시골집
싸리문 열고
살포시 들어온 봉선화

제아무리 어여쁘다 한들
여인의 손끝에서
놀아나노라

사랑과 한

한이 깊은가요
사랑이 넘치는가요

토해내는 숨소리
달무리에 맴돌고
하늘거리는 춤사위
꽃향기에 묻히는데

포말처럼
너울지는 노랫소리
응어리진 한을 삼키고

나비의 몸짓으로
덩실거리는 춤사위는
애절한 사랑을 끌어안는다

한이 사랑을 품었는가요
사랑이 한을 달래는가요

수심

석양이
붉게 물들어
수심에 잠기니
거송도 잠이 들었다

모두가 잠든 밤
비 개인 밤하늘에
앙증맞은 별들의 속삭임

멀리서 들려오는
귀뚜라미 울음소리가
내 마음을 흔들고 있구나

돌계단

돌계단을 오른다
뒹구는 초록빛 잎사귀 밟으며
더는 오를 때가 없는 곳까지

하늘 끝이 보이는 길목
허공 속으로 노을이 보인다

풀 벌레 춤을 추며 노니는 초여름
장맛비 소리에 미소도 지어보지만

활활 타는 햇살 아래
소리 없이 돌아가는 현실
슬픈 환영 속에서 살아간다

어디론가 실종된 내 그림자
어디론가 사라져 버린 나의 삶

허공에 매달려있는 오디 몇 알처럼
돌계단 위에서 노을을 바라보며
삶의 애환을 그려보자

두 여인

백두대간 깊은 산골짜기
곤드레 밭에 앉아 김매기 하며
오순도순 담소를 나누는 두 여인

세상밖에
소리는 귀를 닫은 듯
머리에 흰 수건 눌러쓰고
자연을 벗 삼아 함께하며

한 폭의 그림처럼 아름다움
담아주는 두 여인

새들은 나뭇가지 끝에 앉아
목청 높여 합창하고
뻐꾸기 누구를 저리도
애가 타게 부르는 것인가

졸졸졸 흐르는
계곡물소리 정겨움을 주는구나

애증

내일을 기약할 수 없는 분주한 삶
긴 세월 고행하며
살아온 흔적이 묻어있는
그녀와 자유로운 영혼이 되어
안개구름 벗 삼고 여정을 나섰다

그녀가 잠든 사이
메마른 입술에 향기 취하고
살며시 손을 더듬어 보았다

억새 풀처럼 거친 입술
마른 장작처럼 앙상한 손

사랑은 재간둥이
여러 가지 행동과 모양을 형성하여
핑크빛으로 오밀조밀 아름답게 채색하는 것

함께 하지 못할 때면
슬픔과 외로움 그리움을 주지만

함께 할 때면
기쁨과 행복 즐거움 주기에
그녀와 사랑을 주고받으며
온 누리에 웃음꽃 향기 날리고
애증 어린 따뜻한 가슴으로 포옹해 본다

시절 인연

그대 영혼은
맑은 호수와 같구나

그대 그리움으로 출렁일 때
 어둠이 살포시
호숫가에 내려앉아
물안개 피어오르고

짙은 수목
이파리에 맺힌 이슬
방울방울 눈물 되어 떨어지고

까만 끝, 별빛 끝
알알이 맺혀
밤이슬로 떨어지면
달빛 사이로 아스라이
그리움 환하게 여울지는구나

바람 불어 물결 출렁이면
둥근달 되어 은은한 빛으로
그곳에 있으리

만상은 시절 인연 따라오고 가지만
호수에 잠긴 달은 시절 인연마저 잊었는가

그대를 사랑하는 까닭에 이내 한숨
서러운 바람 되어 천리만리 날아가노라

세평 남짓한 병실

세평 남짓한 병실 창가에
살며시 해님이 찾아와
빙그레 예쁜 미소 지을 때

무엇에 홀린 듯 하염없이
창밖을 내다보고 있는 여인

저 멀리 보이는 푸른 바다
갈매기 떼 끼룩끼룩 날개 짓 하며
화려하게 춤을 추는 모습도

작은 동산에서 들려오는
이름 모를 새들의 합창 소리도
오늘은 정겹기만 하다

때 이른 잠자리도 쌍쌍이
짝을 지어 하늘을 비행하는데

자유롭지 못한 몸으로
세평 남짓한 작은 병실을
지키고 있는 여인

이처럼 아름다운 풍경을
눈으로만 담고 있는 이곳이
창살 없는 감옥인 것을…

2부 마음의 소리

은하수처럼
넓고 깊은 사람이 되리라
우주처럼 품게 된 심오한 마음

마음의 소리

꿈과 같은
아름다운 정원 가꾸어
다복솔 초록이들 사이에서
까무룩 한 지난날 회상하며

은하수처럼
넓고 깊은 사람이 되리라
우주처럼 품게 된 심오한 마음

광활한 대지에 소우주 만들어
완성된 도미노가 될 때까지
희망의 끈 놓지 않으리라

봄이 오는 소리

콩닥콩닥
기쁨의 소리
사랑하는 마음

시냇물처럼
잔잔하게 고요히
가슴으로 흐르는
따뜻한 봄의 소리

자연의 선물

단풍 물들어
새색시 두 볼처럼
발그레한 산기슭

깎아지른 듯 가파른 절벽
돌 틈 사이 초록 이끼의 영롱함

마음 둘 곳 없어 찾아 들으니
아름드리 송백 나무 그늘 만들어
흐르는 땀방울 식혀주고

너럭바위 방석 내주시며
말없이 품어 주신다

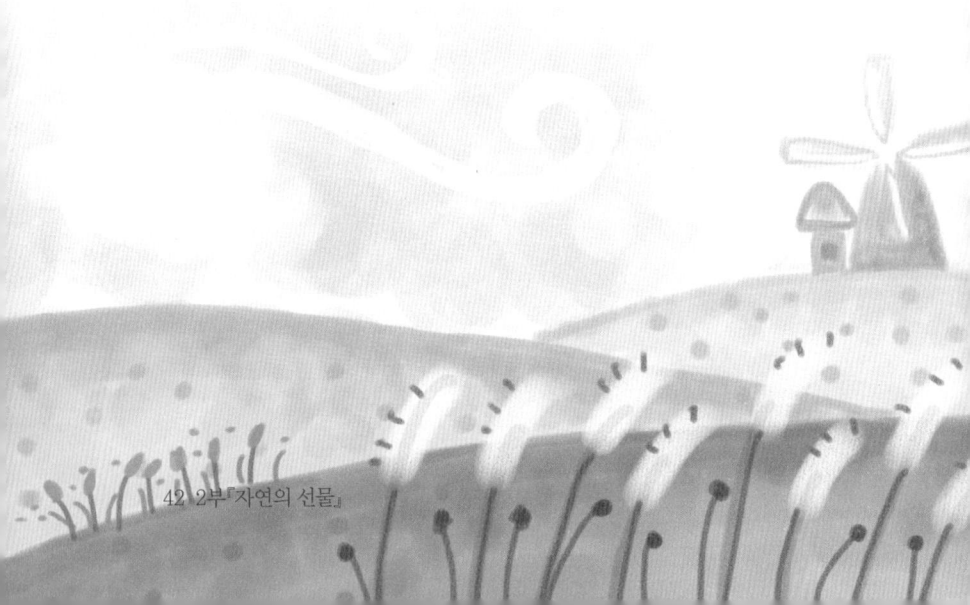

사랑의 굴레

당신을 만남에
후회는 없어라

가슴 시리고
뼈저린 아픔의 고통도
세월 가면 잊혀 지리니

바람 소리도 숨죽이고
적막이 흐를 때
나 홀로 뒤뜰서성이며
그림자 밟고 독백해 본다

멀고 긴 여정

가녀린 여인이
외롭고 쓸쓸한 길 걸어간다

짧은 듯 긴 여정의 길
미소로 화답하며 고독을 즐긴다

넓은 대지 모두 나의 희망이리라
청초한 모습으로 떠나는 여정

밝고 깨끗한 세상
미움도 가식도 없는 세상

평범한 삶을 뒤로하고
은은한 법 향 내음에 용기 얻어

백두대간 신비로움 벗을 삼고
파리하게 지친 몸 품어주는 곳까지

새털구름

청명한 저 하늘
물결 같은 새털구름
눈부시게 수를 놓으니

그의 아름다움 부러운 듯
뭉게구름 두둥실 떠다니며
각양 각 모양의 신비로움으로
마음을 빼앗아 가버렸음에

산 중턱에 앉아 천지를 바라보니
경이롭고 신비로움 어디에 비할 바 있으리

산천이 떠나갈 듯
들려오는 매미의 합창 소리
길가에 한들거리는 코스모스

춘 하지절의 계절
가을이 문턱에 오셨노라
노크를 하신다

너와 나

그대 나의 눈빛과
마주하려 나를 찾았을 때
슬픈 사연 가슴 깊이 안고 왔구나

인생 한낮 헛된 꿈이로다

우리 모두 가야 할 곳 한 곳이거늘
향락도 아니요 기쁨도 슬픔도 아니리라
생의 길 높디높은 산등성이처럼 돌다 보면
다시 겪지 못할 슬픔도 있으리니

다시 한번 꺼져가는 작은 등불 밝혀
너와 나 기억 저편에 아련히 스치는
꿈과 같은 소중한 추억들 떠올리며 살아보세

차와 음악

노란 국화꽃 한 잎
찻잔에 담그니 곱게 단장하고
한들거리는 무희의 춤사위와 같다

기러기 울고 가는
가을 저녁 은은한 향기
피어오르는 차 한 잔에 감미롭게
흘러나오는 음악과 함께 하노라니
지난 추억들 가슴을 적신다

가을아
사랑은 여름날 무지개라면
너와 나는 바람 타고 흘러가는
싱그러운 연인이 되어 보자꾸나

작달비(장대비)

영롱한 빛으로
살포시 찾아와
아침을 깨우던 햇살도

청아한 소리로 합창 하며
반갑게 인사하던 새들도

하늘이 무너진 듯 쏟아져 내리는
폭우에 놀라 숨어 버렸다

한여름 무더위 적군을 물리치듯
당당한 소리로 달려드는 작달비

창가에 앉아 손 내밀어
악수를 청하며 미소도 지어본다

꿈의 사랑

어느 해 여름날
해성처럼 오신 그대

감정이 무엇인지
공통점이 무엇인지
알고 싶지 않습니다

지나간 세월의 고뇌
이제는 웃음 지으며
그대와 함께하고 싶습니다

정다운 길

멀리서 들려오는
산사의 풍경소리
옥돌 위를 구르듯
청아하기 그지없고

풀잎 끝에 맺힌 이슬
영롱함이 눈부시다

계곡 타고 흐르는 물
수정처럼 빛나고

창공을 비행하던
노고 지리 재잘재잘
어서 가자 앞을 선다

하늬바람

분홍빛으로
마음 설레게 하시더니

보랏빛으로 갈아입으시고
솔바람에 함초롬한 미소 띠며
은은한 향기 품고 오신다

가을비와
함께 오시는 하늬바람아

저 멀리
그리움으로
몸부림치고 계시는
내 님에게 전해주렴
오늘도 사무치게 그리워하노라고

낭만의 계절

한 폭의 그림
병풍에 담은 듯
아름다운 산천

떨어지는 폭포수
은 날개 휘날리며

때때옷 갈아입고
고운 사랑 님 오시니

굳게 잠긴 빗장 열어
꽃 같은 미소로 반기오리

향기 없는 꽃

도도한 자태로
폼을 내는 폼생폼사

그 화려함에 미소 잃고
숨죽인 향기 없는 오색 화초
생명체를 불어넣어 화폭에 담으리

겨울 바다

밤바다 어둠 내리니
성난 파도 잠이 들고
별들 살포시 내려앉아
갈매기와 함께 수를 놓는다

잔잔한 파도에 몸을
맡기고 무엇을 얻으려 함인가
묻지 않으니 답할 수 없고

가슴속에 쌓인 그리움
침묵으로 답하며 별 사랑 하나 건져
그대에게 보내고 돌아서니 여명이 밝아

수평선 끝자락에 떠오르는 붉은 태양
겁 많은 여인 망부석 되어 하염없이 바라본다

탁주 한 잔

세월은
뒤도 돌아보지 않고
소리 없이 흘러간다

초록의 푸르름도 어제요
바람에 흩날리던 오색 단풍도 어제였거늘
가을 단비에 어느새 나뭇잎 떨어져 스산한 거리

낮술 한 잔 주고받으며
정겨운 담소 나누노니
얼굴에 단풍 붉게 물들었다

사색을 즐기다

세상 빛이
온통 어두운 줄만 알았습니다

왜 그랬는지
이제는 알 것 같습니다

햇살도 저녁이 되면
혼자만의 시간이 필요하겠지요

오늘보다 내일
밝은 희망의 빛 떠올리며
삶의 끝자락 부여잡고 지탱하여

감미롭게
흘러나오는 음악에 취해
나만의 시간 속으로 떠나봅니다

그날

고독이란 빗방울 씹으며
미래를 설계하고

적막한 공허를 허덕이며
내일을 설계하고

솜사탕처럼 흰 눈 내릴 때
고귀한 마음 지켜

지금 머무는
이곳에서 그날을 설계한다

마음의 정서

사랑이
봄비처럼
촉촉이 피어오른다

예쁜 사랑
꽃 피는 봄날 되어
아름다운 미리내로 내리어라

마음

수정처럼
맑기도 하지만

내면 안에
자유의 섭리

그 누가
지배할 수 있음인가

나의 자화상

앙탈 부리는 아이에게
해맑은 미소로 탐스러운 가슴
서슴없이 풀어헤친 그녀

앙증맞은 모습으로
어미 품에 안긴 아이와 눈빛
교환하며 예쁜 언어로 꽃 피운다

육신의 피로 잊은 채
삶의 두려움 뒤로하고
고운 자태로 어우러진 모습
아름다운 한 폭의 그림 같구나

가을 마중

초록 이파리 생동감 돌고
풀벌레 소리 산천을 울린다

손에 잡힐 듯 말 듯 한 잠자리
깍쟁이 아가씨처럼 약만 올리고

노란 분칠 곱게 한 해바라기
씨앗 품으려 꿀벌을 기다리고

가느다란 허리에
행주치마 동여맨 코스모스
가을맞이 준비로 한창이다

행복

차가운 겨울 녹이고
새봄 오듯 한줄기 찬란한
햇살 까만 눈동자에 어리시어

엷은 미소 가득 담은 얼굴
개구쟁이처럼 행복한 모습으로
작은 가슴 품 안에 파고들어

천지간 근심 없는 듯
맞잡은 손 움켜쥐고
나의 품에 곤히 잠든 해맑은 모습

행운보다 더 값진 선물은
일상의 작은 행복 아니겠는가
사는 동안 그림자 되어 주리라

고진감래(1)

여보시요 벗님네들
우리 모두 귀를 열고
민중의 소리 들어 봅시다

백난지중에도
풍전등화 같은 동아줄에 의지하며
내일을 꿈꾸지 않소

속절없는 세월 속에
벌과 개미처럼 땀 흘리는
노동이 얼마나 고된 것이요

그네들에게
희망이란 용기와 근력을
주고 가식 없는 미소 진심 어린
말 한마디의 믿음이 아니겠소

2)
어진 군자란
즐거운 마음으로 씨앗 뿌리고
움이 트고 잎이 나오면 사랑과 애정으로
보살펴 건강한 줄기 위에 익은 열매 수확하여

기쁨과 행복으로 천하 강산 떠나갈 듯
어깨춤 덩실덩실 어화둥둥 콧노래 하며

새벽이면 밝아 오르는 태양 맞이하고
밤이 되면 어두운 길 비추어 길 잡아 주는
달빛 맞이하여 우리 함께 내일의 기름진
옥토 가꾸어가는 것이 고진감래가 아니겠소

배려

비, 바람, 태양
난국에도
변함없는데

하늘을 머리 위에 두고
땅을 밟고 살아가는 우리네는
작은 것 하나 채우지 못하고 있음에
안타까움 금할 길 없구나

모닥불 연정

맑음의 영혼
영롱한 이슬 머금고
반짝이는 두 눈동자

꽃망울 터지듯
활짝 미소 지은 입술

불씨 톡톡 터질 때마다
이리저리 일렁이는 모닥불
세상을 달관한 듯 화려한 몸짓으로
슬픔을 토해내는 작은 불꽃처럼

세상 속 이치를
판가름하며 벼랑 끝에서
목마름에 사랑을 갈구하는
이들을 관대하게 품어준다

# 3부 자유와 행복

마음 가득 바람 부는 삶
함께여도 혼자인 듯 홀로
무한 허공의 길 걷는 세상

자유와 행복

아름다운 삶
망각의 세월
희비가 엇갈리는 세상

마음 가득 바람 부는 삶
함께여도 혼자인 듯 홀로
무한 허공의 길 걷는 세상

어제의 거센 바람 돌아오지 못할
과거 속에 묻어버리고
오늘의 햇살 진보라 빛 환희
봉우리에 초롱불 한 쌍 밝히이라

백의의 천사

동이 트는
이른 아침이면
약속이라도 한 듯

어김없이
찾아오는
악마 같은 천사

두 볼에
홍조 띤 미소로
까만 눈동자 반짝이며

볼기짝을
쉼 없이 찰싹찰싹 치는
그 손길 느끼려 하였지만
볼기를 파고드는 따끔함에
미소가 사라져 버렸다

뾰족한 바늘로 두려움 주는
예쁘고 얄미운 악마 같은 천사

아름다운 인연

소중한 만남
미소 가득 머금고
그윽한 차 향기에 취하여

도란도란 이야기보따리
매듭 풀며 언어들을 춤추게 한다

도도함과 멋스러움이
묻어나는 차향과 언어들
어쩜 그리도 맑고 순수한가

현실의 고단한 삶
짧은 시간 여운을 남기고
용화산으로 달려가는 길

호반의 도시 소양강댐
물안개 소리 없이 반기며
아름다운 만남 인연들과 함께
꽃구름 되어 자욱하게 피어오른다.

탄생

하늘이 주신 고귀한 선물
가시버시 애틋한 사랑으로
꽃잠 속에 영롱한 이슬 맺혀

천지의 축복받으며
은하수 다흰 같이 맑음의 숨결로
아비어미 품에 햇잎처럼 안기셨다

은가비처럼 빛나는 재간둥이로
둥글둥글 청명하게 자라시어 만백성
희망의 등불이 되는 대인으로 거듭나시길…

한길 내 마음

안빈낙도 즐기며
하도낙서
상생 극 벗 삼는 것을

옆옆이 흐르는
열길 물줄기의 시샘
그 누구도 잡을 수 없다

존재의 사랑

그네들의 아픈 소리
나의 심장 깊이 파고들어
온몸에 전율이 흐르게 한다

봉긋한 어미 젖가슴 그리운 듯
반짝이는 눈망울 해맑은 미소로
응석을 부리는 그네들의 모습 보니

그 아픔 나의 부덕함인가
무너지는 억장 다잡고 다짐한다

나의 품 안에 넓은 광야 만들어
아픔도 슬픔도 없는
행복의 뜰 만들어 주리라

희망의 찬가

명산대천 새소리 물소리에
내 가는 길 꽃길인 줄 알았는데
굽이굽이 돌아보니 험하기가
이루 말할 수 없구나

소리 없이 흘러내리는 눈물
손 등으로 닦아 내며

슬픔은 가슴 깊이 묻어놓고
고통과 고뇌에 힘겨워하는
이들의 한을 대신하여 걷는 길

고단한 그들에게 든든한
멘토 되어 상처 난 가슴에
온풍 불어 희망의 찬가 부르면
그 또한 행복이고 즐거움 아니겠는가

생활의 무게

활처럼 휜 허리
머리에 하얀 서리 내리고
고운 얼굴은 세월의 물결 출렁인다

흘러가는 세월 원망 아니하고
풍진 세월 인생 여로에 인고 던지고
해맑은 미소로 반기시는 인자한 노파

고단한 삶 필필이 돌아가는
현실의 무게도 가벼운 듯
커다란 수레바퀴 끌면서
얼굴 가득 함박웃음 꽃 피우신다

생로병사 갈림길에서 꿋꿋한 자태로
어느 곳이든 모두가 내 것인 양 주인이 되는 노파

옛 시절 그녀에게도 꿈꾸는 청춘이
있었으리라

촌로의 훈훈한 정과 웃음
간절한 마음의 기도로 평온해지시길

바램

붉은 장 닭 꼬꼬
너의 벼슬에 위엄이 서려 있구나

용맹스럽고 장엄한 기상
온 누리에 골고루 울려 퍼지게 하렴

모두들 지쳤다 말하는 세상
초로인생처럼 살아가는 이들에게
길라잡이 되어 주노라면

베틀 위에 목화 실 움직이듯
목마름의 갈증 해갈하고 잠재적 속에
퇴색된 마음 가다듬어 다시 한번 더를
외치고 다짐하여 미덕으로 돌진한다면
무릉반석에 앉아 노니는 신선 부럽지 않으리

한 줄기 빛

강나루 갯가
능수버들 그늘에 앉아

조각난 슬픔에 잠겨
하염없이 눈물 흘린다

지난날의 추억
안타까운 마음에
파리하게 떨고 있는 여인

서천에 떠 있는 태양
거송 사이로 한 줄기 빛
내려와 살며시 손잡아준다

그대의 향기

가슴 깊은 곳에
커다란 바위 하나

물줄기 약함인가 흔들림 없이
제 자리 지키고 있음에 새벽이슬 맞으며
그대 향기 찾아 발길 옮긴다

백설로 장식한 산 중턱
운무 걷히고 한 줄기 빛내리니
천지가 온통 경이롭다

붉은 태양 그대는
돌 틈 사이 얼어붙은 계곡물 녹여
내일의 희망 주는 진정한 군주로다

두견새

가을 마중하려 길을 걷다가
수풀 우거진 길모퉁이 정자에 앉아

두 눈을 감고
향기에 취해 있노라니
솔바람 온몸을 휘감는다

녹음이 짙어가는 절기
숲 속 두견새 구슬피 울고
붉은 석양 재 넘을 때 무지개
오색구름 타고 달나라에 들어서니

약수 삼천 연화 궁에서
이내 몸 반가이 맞아 주신다

버들강아지

겨우내 꽁꽁
얼어붙은 마음 녹여주려
봄소식 안고 찾아왔다

모태에 탯줄 끊고
어미 품에 안긴 생명체처럼
뽀송뽀송 아기 솜털 가득함에

설산에 눈 녹듯
함박웃음으로 화답해 본다

엄동설한에도
지조와 절개 지키다가
단아한 모습으로 왔으니
그 어찌 내면의 아름다움이 아니라 하겠는가

당신은 여름날의 태양

봄날 아지랑이처럼
호수에 어린 달빛처럼
맑음의 숨결로 오시어
내 품에 살포시 안긴 당신

기쁨과 행복의 조련사는
그 누구도 아닌 당신과 나
하나 되었음에 사랑이란
이름이랍니다

당신과 나
첫 키스 하던 바닷가
파도는 가슴 떨림으로 다가와
나의 마음 흔들어 놓았습니다

안개비 내리는 이 밤
저 파도의 해일 훔쳐내어
내 모든 것을 당신에게 드립니다
영혼이 다하는 그날까지

무인 카페에서

향기 그윽한 찻잔에
그리움 한 조각 띄워
내 마음의 주인을 불러본다

따뜻한 마음
다정한 눈빛
부드러운 목소리

때로는 영혼 없는
응답으로 일괄하지만

녹녹지 않은 삶의 숲길
햇잎 찻잔 속에 피어오르는
그대는 내 마음의 주인입니다

고독

첩첩산중에
흐르는 물소리

어둠 속에
밝혀둔 촛불 한 쌍

진보랏빛 환희 봉우리
온풍 가득한 마음으로
소슬바람 맞이한다

자유 천지

산등성이 초가삼간
문틀 흔들리는 소리

잔잔한 마음에
파동을 일으키며
찾아온 그대
누구신가 밤새 기웃기웃

초야에 아침 맞이하니
햇살 가득 그 빛 온통
나를 위함인 것인가

싸늘한 찬바람 따뜻한
온기 내밀어 실바람에
버들가지 살랑살랑 춤추고

봄비 내려
촉촉해진 토양
새 생명 탄생시키려
아지랑이 깊은숨을 토해 낸다

희망의 등불 찾아

열정으로 꿈꾸던 시절
햇살 한 줌 사랑 먹고

초록향기 순정 담아
꽃부리 화관 만들어
어여쁘게 눌러쓰고

푸른 하늘 뭉게구름
옥당인 줄 알았음에
기나긴 여정 길에 올라

흐르는 세월과
경주하듯 달려 보아도
여정의 끝 정해진 바 없으니
산들바람에 이 네 몸 실어 함께 가리라

그림자 한 조각

그대 토양에
뿌리내리시고
살며시 나의 곁에 오시어

팔 베개 내어주시던
그날을 기억하시나요

그대 낙원 천지
몸 둘 곳 없어 낙엽송에
의지하시느라 힘드셨나요

그대 온 누리 평온 주시느라
눈가에 주름지는 줄 모르셨군요

봄의 태동

해맑은 아침 햇살 한 줌에
실바람 타고 오는 싱그러운 꽃향기

임의 소식 기다린 듯
반겨 맞으며 잔잔히 흘러 나오는
음률과 함께하노라니

겨우내 바위틈에 움츠렸던
고란초도 함초롬한 모습에
미소 지으며 기지개를 켜고

개울 건너 실버들 가녀린
몸으로 하늘하늘 꽃바람에
흔들리며 어서 오라 손짓함에

치마폭 움켜쥐고
길게 놓인 징검다리 사뿐히 건너
임의 품인 양 안겨 보노라

두려운 삶

우리네는 작은 것에도
마음에 상처받고 흔들린다

미묘한 마음 다스릴 길 없어
이른 새벽 찬 서리 내리어도
정갈하고 단정한 몸 가다듬어

단상 앞에 다소곳이 무릎 꿇고
냉혹한 현실 어둠 속 터널에서 벗어나
슬기롭게 헤쳐 나가길 합장한다

차가운 밤바람 스산해도
파릇파릇 새싹 움트는 봄이 오듯
아름답고 싱그러운 미래의 또 다른
내일을 그리며 가녀린 여인은 오늘도…

자연은 나의 스승

태산보다 더
큰 사랑받고 있음에
고행의 길 걸어도 행복하다

악산을 만남에 두려울 때는
메아리 불러 정다운 친구 맺어
휘파람 불며 외로움 삼켜 버리고

황무지에서도
당당하게 꽃 피우는 들꽃과 함께
종달새 지저귀는 노랫소리에
리듬 맞춰 춤을 춘다

봄나들이

어디선가 바람 타고 날아온
싱그러운 향기 코끝을 스치며
유혹하여 영혼마저 버렸음에

그리운 임 찾아가듯
멈추지 않는 발걸음 재촉하여
바람이 전해주는 향기 따라 걸으니

계곡물 흐르는 소리 들려오고
고운 자태 뽐내며 흐드러진 산수화
그 향기에 취해 길섶에 주저앉아

세월을 노래하며
쑥 순에 입맞춤하니
아기 볼처럼 붉은 홍매화 시샘하여
향기 바람으로 다가와 앙탈을 부린다

고뇌

기쁨의
씨앗도 있을진대

저마다 힘들다고
고통의 씨앗만
뿌리는구나

어느 곳에
희망의 씨앗
뿌려야 하는가

사랑스러운 당신

밤하늘 별처럼
사랑스러운 당신
싱그러운 봄날에
꽃처럼 아름다운 당신

마음 둘 곳 없어
방황하며 헤맬 때는
수풀 우거진 그늘에
한 포기 이름 없는 잡초도

파도치는 푸른 바닷가
백사장에 새겨진 발자국도
내게는 모두 슬픔이었습니다

당신과 나, 시절 인연 되어
이제야 만났으니
철새처럼 떠나시지 말고

진실한 믿음으로
서로의 마음 밭에
탐스러운 열매 맺게 하여
외롭지도 아프지도 않은
미소 가득 피어나는 사랑으로

날마다
기쁨과 감사의 시간
아름다운 동행이길 두 손 모읍니다

천사들의 방문

그윽한 사랑 속에
상큼한 향기 한 줌
예쁜 미소 한 줌 담아

즐거움 가득 실어
초승달 등불 삼아

먼 길
밤이슬 밟고
오신 천사들

미몽에 헤매던
어미 품속에 살포시
기쁨을 안겨 주시니

사월 남풍
오가는 줄 모른다

선상 안에서

싱그러운 바닷냄새
부서지는 파도 소리

수평선이 보이는
초록빛 망망대해로
뱃고동 소리 울리며

미끄러지듯 떠나가는
성스러운 여정의 길

선상 안으로
밤하늘 별빛 내려와
눈앞에 아름다움 펼치니

자유로운 영혼 동화되어
일상에 지쳐 있는 그대에게
희망의 향기 바람 띄워 보낸다

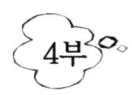

4부 나의 자화상

육신의 피로 잊은 채
삶의 두려움 뒤로하고
고운 자태로 어우러진 모습
아름다운 한 폭의 그림 같구나

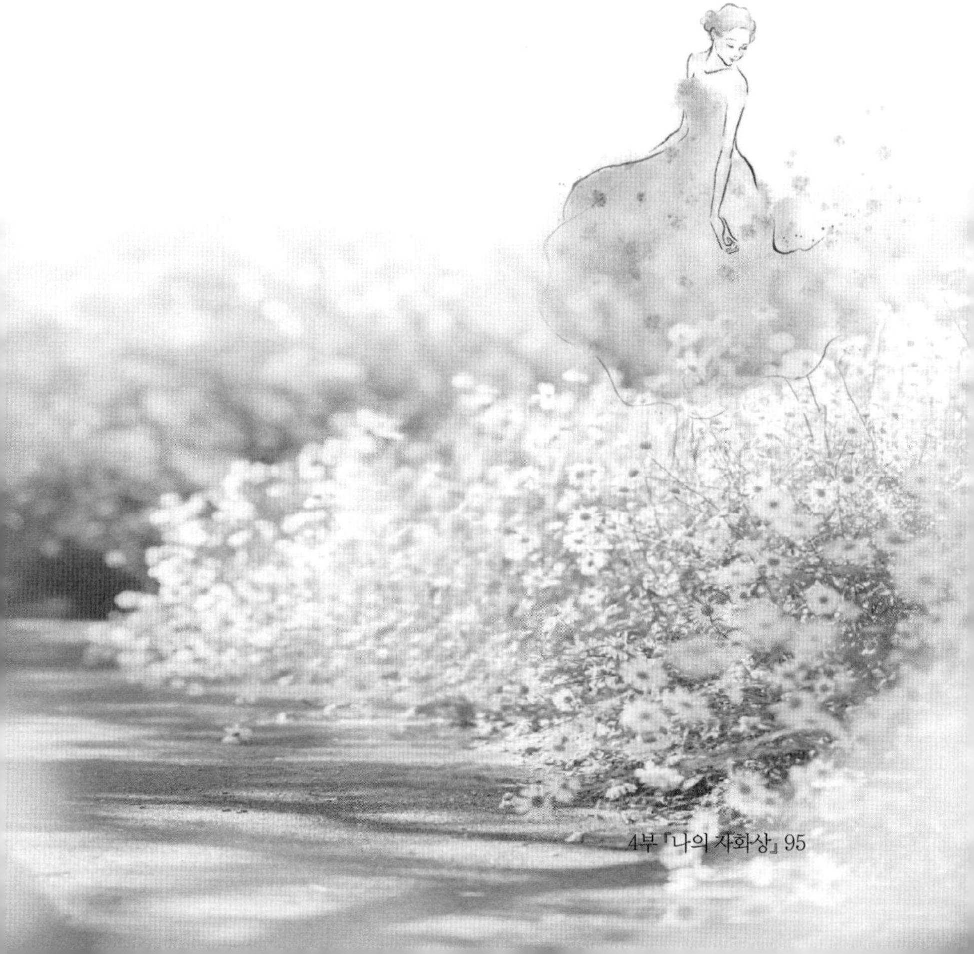

마라도의 숨결

병풍에 수놓은 듯
아름다운 산맥에 취하여
그리움으로 사랑을 채색하고

밤바다에 앉아
영혼을 부르며 노래하니
여명이 밝아온다

붉은 태양 솟아올라
푸른 물결에 어우러져
보석처럼 반짝이고

싱그러운 바닷냄새
경쾌한 선율로 춤추는 파도
신비로움은 여인의 가슴을
설레게 한다

폭우와 우박

그대여
방랑의 길 떠나는 여인
애처로워 발길 멈추게 하려
그리 무서운 모습으로 오시나요

그리움으로
기다림의 시간만큼
오롯이 그대 품에 안겨
밀애를 즐기며 함께 하고팠는데

어찌 성난 목소리
차가운 얼음 되어 오시나요

산천초목 초록이들
목마름 해갈하여 주시고
여인의 마음 얻으러 오셨으면

잔잔한 물결처럼
촉촉한 단비로 오시어
한없는 사랑으로 품어 주세요

재회

천 리 길 한달음에 달려와
온화한 마음 열어
풍미 가득한 시 한 수 읊조리니

생중에 한가로이 즐거워
오늘 밤이 으뜸이요

진정한 사랑 나누며
한 잔 술에 취한들 어떠하리

아기천사

영롱한 눈동자
해맑은 미소 머금고
앙증맞은 모습으로
나의 심장을 두드린다

저 하늘 별빛이 아름답고
울긋불긋 향기 그윽한 꽃들
제아무리 어여뻐도

천진스러운
아기천사에 비하겠는가

문밖에 모진 바람 위협하며
흔들어도 강인함으로
푸른 초원 언덕 위에 꽃 피우리

집시 인생

삶과의 전투
미학의 깨달음

길 잃은 사슴처럼
속절없이 걷노라니
하찮은 미물도 소중하다

가슴 깊이
파고드는 야릇함
깨달음이란 무엇인가

수풀 우거진 골짜기
너럭바위에 홀로 앉아
마음의 앙금 털어놓고

비단결 같은 마음으로
만남의 기쁨 맞이하니
온 세상 낙원 천지 같구나

중년의 향기(1)

삶에 지쳐
찬 서리 맞은
들풀처럼 파리한 모습

높은 언덕
쉼 없이 올라가려 하니
힘도 들고 숨도 차다

나의 두 손을 잡는 중년의 여인
꽃다운 청춘
세월과 함께 가버리고

푸른 바다
밤배 타고 떠나가신 임은
어두운 바닷길 밝혀주는
등대 불빛 따라 돌아오시려나

2)
잔잔한 파도
갈매기 잠이 들고 별 무리 아래
홀로 망망대해 비추고 있는 등대

중년이 되어 찾아온 여인
갈가리 찢진 마음 파도 속에
던져버리고 희망찬 내일을 다짐해 본다

참된 여인아

태생은 강생으로 하늘의 뜻 따라
밝은 빛 받고 세상에 태어나왔지만
순례자의 피를 받았는지 타고난 숙명인지

백년가약 말없이 불변하고
남으로는 지리산 북으로는 설악산
백두대간 넓은 자연이 주군이라 섬기며
하늘을 지붕 삼아 땅을 구들 삼아
바람처럼 구름처럼 살아가는 여인

일출 일몰 모두 평전으로 품고
발아래 설렘도 잊은 채 백두대간
능선을 떠돌며 운무가 토해내는 고사목에
허리 숙이니 작달 같은 비 칼끝같이 매서운
바람도 그저 침묵으로 여인을 돌보는구려

사계절 변화하는 산천초목에
한 서린 들꽃들의 한숨도 먼저 가신
조상님네가 온화한 미소로 반겨주시고
천지는 여인의 마음 허기질 새 없이 채워주니
외로운 길 서러움은 가히 없어라

아름다운 동행

은하수처럼 깊고
상큼함으로 꽃 피우며
모질고 거센 비바람에도
함박웃음으로 반겨주던 친구

슬퍼 말고 가시게
외롭다 말고 잘 가시게
한 세상 사는 동안
즐거이 놀다 가는 것이니
미련도 아쉬움도 두지 마시게

자네가 이루지 못한
그 소망 내 노력하며 살다가
다음 생에 자네와 나
또다시 만나 친구 되어 갈 때면
외로운 길 함께 가세나

풍등

들판에
오곡백과 익어가고
팔월 한가위 대 보름달 비추면
한결같은 마음으로 가가호호 안과태평
기리는 강강술래 돌며 풍등을 올린다

이상이란 현실에서
맡은 임무에 충실한 것
그것으로 인간은 강인해지는 것임을

풍요로움 가득한 가을
풍등에 소원 올리고 넉넉한 마음으로
나비처럼 너울너울 춤추며 행복 꽃 피워보자

인간 이별

소녀처럼 언제나
해맑은 미소 지으며
따뜻한 가슴으로 품어 주던 그녀
이제 어둠을 걷는 이들의 길 밝히는
별이 되려고 영이별(永離別)을 준비한다

인생 백 년의 세월 속에
오십 평생 짝 잃은 새가 되어
만고풍산 겪으며 숙명처럼 살았노라
유감스러움 토해 내고 기진맥진 누웠다

연륜이 묻어나는 파리한 모습
초점 잃은 눈빛은 돌아가는 길 찾는 것일까
무언가를 향하여 하염없이 주시하고
흔들리는 몸짓은 촉촉이 녹아내린 땅 밟으며
어느덧 저승길 걷고 있는 듯 거친 숨 몰아쉰다

소박한 즐거움

한여름 붉은 태양 아래
통통하게 물오른 석류처럼
톡톡 튀는 숯불 위에 철판 깔아
싱싱한 생선들의 무대를 꾸며 놓는다

누가 먼저랄까 구경꾼들 모여들어
자리 가득 메우며 빈손 부끄러워
덤을 가져왔노라 슬며시 파고든다

지글지글 귀에 익은 음률 울려 퍼지고
투박하면서도 현란한 춤사위
몽실몽실 맺히는 육즙으로 유혹하니
걸쭉한 막걸리 한 사발 절로 생각난다

그림자 뒤에 슬픔 (1)

나는 말할 수 있다
기쁨을 기약할 수 없는 내일을

오늘도 어불성설로
주저리주저리 자기 합리화를 시킨다

그대는 진정
가난의 허기지심을 아시나요

배곯으며
얼음 서걱거리는
구들장 위에서 잠들어 본 적 있나요

가족의 병마로
뜻하지 않게 한 가정을
돌보아야 하는 가장의 마음을 보셨나요

2.
잊지 마세요
그대가 했던 말
일구이언 하지 마시길

초심으로 돌아가
숨은 곳에 슬픔 헤아려
한 가닥 희망의 등불 부여잡고 노력하면
평화로운 행복과 즐거움이 있다는 것을

사랑의 메시지

싱그러운 햇살 한 줌 내리는
이른 아침 잔잔한 가슴에
화살이 날아와 꽂혀 버렸다

앙상한 가지 햇잎 돋아나
초록이 물결치고 그윽한
붓꽃 향기 코끝을 스치며 지나가니
저 멀리 다정한 그의 모습 보인다

봄바람에 마음 흔들렸음인가
꽃망울 터지듯 활짝 미소 지으며
정답게 손짓하는 그에게 달려가
아름다운 동행 길 약속해 본다

염원

탐욕이 현혹하는 세상
잔잔히 흘러가는 강물처럼
보통 기류로 화합하여

태양을 가렸던 구름 걷혀
메마른 대지에 빛 내리고
인간의 교류가 빈번하여

겸손한 기풍으로
마음의 도량 넓혀 새로운
희망으로 내일을 맞이한다면
두리둥실 즐거움만 있으리라

자연을 벗 삼다

안개 자욱한 백두대간
봄은 여름을 향해 쉼 없이 달려가고
계곡 타고 흐르는 경쾌한 물소리
얼어붙은 마음에 심금을 울린다

산수를 아름답게 장식한 꽃
함박웃음 짓게 하고
갖가지 모양의 암석
나그네 발걸음 멈추게 하여

자연의 경이로움에
가슴 깊이 묻어둔 옛 추억
피날레로 장식하게 한다

폭풍의 거리

갈 곳 잃은 한 마리 사슴처럼
아련한 추억 더듬거리며
우수에 젖어 길 위를 걷는
여인의 온몸을 휘감는 바람

그리움의 눈물인가
추적추적 내리던 비는 어느새
세찬 비바람 되어 각가지 음률로
심장을 흔들어 버린다

쉼 없이 내리는 비를 몰고
바람은 어디로 가는 것인가
정한 곳 없이 가려거든
사랑 님의 심연 모조리 끌어올려
정다운 길 함께 가세나

겸손

온기가 드리워져
맥락을 이루어 본다

어진 마음 없는 사람
누가 있으리오

일념으로
살아가노라면
어그러짐 없을 것인데

시골 풍경

코끝을 스치는 풀 내음
자아도취에 흠뻑 취하여
구불구불한 길 따라 발걸음 옮길 때

메마른 세상과 단절한 듯
굴피나무 껍질로 지붕 엮은 집 한 채
고요한 적막을 깨우며 까마귀 울고
누렁이 반가움에 어서 오라 반긴다

주인의 손길만 기다리는
텃밭에 채소들 시간을 재촉하여도
허름한 원두막에 한가로이 앉아
막걸리 한 잔으로 목 축이시는 어르신

활시위처럼 등이 굽으신 할머니
빈대떡 한 소마다 툇마루에 밀쳐놓고
엷은 미소로 허벅지에 가래톳이 섰다시며
무정한 세월에 삶의 버거움 한탄하신다

약속

언제나
궁금증만 남겨놓고
훌쩍 떠나 버리니
그 사연 들을 수 없음에

돌아온다던 한마디
가슴 깊숙이 전장하고
애틋한 마음 그리움으로
심오함의 정적 속 헤맬 때

풍미 가득한 모습
다정한 미소로 다가와
살포시 입맞춤하시며
언어들의 보따리 푸신다

오월의 여인

자유로운 영혼
오월의 여신 되어
블루스타호에 몸을 실은 여인

이정표 없는 바닷길
망망대해 파도 가르며
정처 없이 흘러간다

자연의 신비 깃든
한라산 품에 안겨
웃음꽃 심어놓고

아름다운 섬
여명이 밝아
붉은 태양 떠오르니

샛별처럼 반짝이는
여인의 눈동자
어느새 사랑하는 임의 손잡고
왈츠 속으로 빠져든다

아름다운 강산

병풍에 수놓은 듯
아름다운 절경

깎아지른 가파른 절벽
아름드리 송백 나무
흐르는 땀방울 식혀주고

오색 단풍 물들어
새색시 두 볼처럼
붉게 물든 산기슭

헛헛한 마음으로 찾아드니
너럭바위 방석 깔아 주시며
말없이 포근히 품어 주신다

나그네 인생

마음속에 숨겨둔 작은 등불 꺼질세라
지화로 밝힌 연꽃 등불 찾아
오늘도 등짐 메고 발걸음 옮겨 보노라

가다가다 힘이 들어 바위에 등짐 풀고
흐르는 계곡물에 마른 목 해갈하고
손발 담아 첨벙첨벙 미소도 지으면서

봄바람 타고 오는
향기로운 꽃 냄새에
나의 넋과 영혼을 하염없이 던져놓고

이처럼 맑고 영롱한 향기가 있었는가
눈을 감고 취해 보노라

우리네 인생도
흘러가는 물과 같거늘
굽이굽이 돌아가는 나그네 인생

꿀벌 노니는 꽃술 그 향기에
흠뻑 취해 보세나

손님

우수 가득 찬
얼굴빛으로
찾아오신 그대여

무슨 근심 그리도 많으신가요

어제는 고단한 삶이었어도
내일은 또 다른 미래가 있다오

어린 시절 내 친구들

철없던 어린 시절
해맑은 웃음으로 깔깔대며
너는 아빠 나는 엄마
머루 다래 줄기로 본부 만들고

커다란 참 나뭇잎은
모자 만들어 눌러쓰고
전쟁놀이하며 즐거워하던 친구들

미루나무 그늘에서
꼬꼬를 닮았다며 놀려도
웃음으로 받아주며 노닐던 친구들

아름다웠던 그때 그 시절의 추억
외로울 때면 가끔 꺼내어 보겠지

그리운 나의 친구들
중년의 나이 되어 어느 곳에서
내일을 꿈꾸며 살고 있을까

내사랑 아가야

해맑은 눈빛으로
두 볼에 보조개 웃음 지으며

어미 품에 안길 때
세상을 모두 얻은 듯 행복했단다

바삐 흘러가는 세월에
내 사랑 아가 너를 잊고 살았구나

모진 풍파 속에서도
어여쁘게 자라 알뜰한 사랑으로

화촉을 밝히고 둘이 한 몸 되어
새로운 보금자리 찾아가는 여행길

아가, 나의 사랑아
백 년 배필 만났으니 예쁜 보금자리 틀어

여름날 무지개처럼
고요히 흐르는 강물처럼 행복하여라

아련한 추억

쪽 머리에 옥비녀 꽂아 단장하고
비단 치마저고리 곱게 차린 단아한 모습

홍조 띤 얼굴빛으로
백년가약 맺은 임의 품에 안기었거늘

천명의 뜻 거역할 수 없음에
끝없이 펼쳐진 수평선을 비추는 별이 되어

지난밤 꿈속에서 임을 만나
다정히 구름밭을 거닐며 애틋한 사랑 하였지만
깨어나니 사무친 그리움으로 눈물만 흐른다

사랑의 한 끼

당신의 애정 어린 사랑은
나의 한 끼입니다

이보다 더 포만감 주는
끼니는 없었답니다

누가 볼세라
얼른 탐색합니다

나는 세상에서
가장 운이 좋은
사랑둥이인가 봅니다

고배

인생은
백지 수표와 같은 것이다

쓰디쓴 술잔에
나는 너를 담아 마시니
너는 나를 담아 마시어라

기적 소리
이제는 들을 수 없음이니
추억 속 기억으로 남기어 보련다

구멍난 양말

붉은 노을 서산에 걸려 있을 때쯤이면
어김없이 들려오는 구수한 노랫소리
뜀박질로 굴렁쇠 돌리며 무심코 돌아보니

내 아버지 퇴근길 선술집에 들러
막걸리 한잔 걸치시고 하루의 노고와 시름
노래에 사연 담아 바람에 실어 보내시며
가족이 기다리는 보금자리로 돌아오신다

저녁 준비하시던
어머니의 잔소리 뒤로하시고
아랫목에 누워 못다 한 감정 흥얼거리며
풀어놓으시는 아버지 양말은 구멍이 뚫려있었다

어린 마음에 슬픔보다 웃음이 먼저 나왔지만
세월 흘러 불혹의 나이 되고 보니 가슴이 저리다

밝은 내일

달빛 없는
캄캄한 밤이면
사물도 잠이 들듯이

시야가 흐려지면
아름다운 빛도
암흑이 되어 버린다

마음이 밝으면
어떠한 난관에 부딪혀도
반듯이 대가는 있으리라

가버린 봄의 여신

물밑 기포는
슬픔을 토해내듯
바람 소리에 리듬 맞추어
살랑살랑 춤추며

포만을 만들어 화려한 모습
근엄함으로 표면 위로 올라와
쇠뭉치처럼 굳어버린 현실에
희망을 주는 전령사 되어 봄을 부르니

어여쁜 얼굴에 미소 담아
분홍빛 연지 찍고 수줍게 달려온 봄
안개 자욱한 터널 속처럼
옴짝할 수 없게 만들어 놓고

세상을 지배하는 괴질에 분노하며
눈물비 뿌리고 사랑비로 돌아오마
약속만 남기고 홀연히 떠나 버렸다

이미화 시집

안개 같은 여자

지은이 | 이미화
펴낸이 | 전진옥
디자인 | 다온애드
펴낸곳 | 도서출판 다온애드

초판일 | 1쇄 2025년 3월 5일
발행일 | 1쇄 2025년 3월 5일
주   소 | 인천광역시 남동구 벽돌말로 8(간석4동 573-11)
전   화 | 032) 203-6865 팩스 032) 426-7795
메   일 | jinok2224@hanmail.net

판 형 | 신국판
등 록 | 제2013-000008호
ISBN | 979-11-89406-36-3(03800)
책 값 | 13,000원

좋은 책을 읽는 것은 성공을 위한 밑거름이다.

• 저자와의 협의에 따라 인지는 생략합니다
• 본 간행물은 전국 서점 알라딘 교보문고에서 구매할 수 있습니다
• 잘못된 책은 출판사 '다온애드'에서 교환해 드립니다.